Meubles et Objets d'Art

MODERNES

DÉCORS DE FENÊTRES

EN TAPISSERIE

COMMISSAIRE-PRISEUR
Me ROBERT BIGNON

CONDITIONS DE LA VENTE

Elle sera faite au comptant.

Les adjudicataires paieront *dix pour cent* en sus des enchères.

L'exposition mettant le public à même de se rendre compte de l'état et de la nature des objets, aucune réclamation ne sera admise une fois l'adjudication prononcée.

Paris. — Imp. de l'Art, Ch. BERGER, 41, rue de la Victoire.

DÉSIGNATION

OBJETS D'ART

ET DE VITRINES

1 — Statuette en bronze. Signée : *Obiols*.

2 — Paire de candélabres en porcelaine décorée avec figurines; monture en bronze, à
quatre lumières.

3 — Vase en bronze du Japon.

4 — Dessus de porte en bois sculpté à écussons, le milieu orné d'un portrait.

5 — Jardinière en métal argenté. Style
Louis XVI.

6 — Trois panneaux peints, à écussons sur
fond rouge.

7 — Trumeau en bois sculpté, orné dans le
haut d'une gravure : « La Promenade du
soir ». Style Louis XVI.

8 — Deux vases. Style art nouveau.

9 — Lustre en cuivre.

10 — Buste de femme en marbre, sur socle en marbre de couleurs.

11 — Garniture de cheminée en bronze doré à rocailles et guirlandes de feuillages, composée d'une pendule surmontée d'un sujet allégorique à la Moisson, et de deux candélabres à six lumières formés par des amours soutenant une corne d'abondance. Style Louis XVI.

12 — Galerie de foyer en bronze. Style Renaissance.

13 — Porte-pelles et pincettes en bronze.

14 — Statuette en marbre : « Diane. Signée : *Fidi*.

15 — Cartel en bronze doré à guirlandes, surmonté d'un dauphin. Style Louis XVI.

16 — Petite glace-trumeau ; cadre en bois sculpté. Style Louis XVI.

17 — Buste en bronze : « Héroïne », d'après MICHEL-ANGE.

18 — Paire de candélabres en bronze, à cinq
lumières : enfants pêcheurs.

19 — Paire de coupes en marbre rouge veiné.

20 — Panthère en porcelaine.

21 — Groupe en biscuit : « Hiver ».

22 — Bonbonnière en porcelaine bleue.

23 — Encrier en marbre et bronze.

24 — Quatre netskés.

25 — Vase en bronze cloisonné.

26 — Petit tête-à-tête en porcelaine de Chine.

27 — Quatre statuettes de personnages en porcelaine noire et blanche.

28 — Paire de vases en cristal, monture en
bronze.

29 — Buste de femme en terre cuite.

30 — Paire de potiches couvertes en porcelaine
de Chine, décor à médaillons.

31 — Huilier et burettes en faïence décorée.

32 — Service à crème en porcelaine, composé
de dix pots couverts et d'un plateau.

33 — Groupe en biscuit : « Char de Vénus ».

34 — Groupe en biscuit : « Amours ».

35 — Groupe en bronze patiné : Lion et vipère.

36 — Pendule de forme ovale en marbre blanc;
monture en bronze. Style Empire.

37 — Paire de vases en porcelaine de Chine,
famille verte à personnages.

38 — Trois bols en porcelaine de Chine, décor
en bleu.

39 — Paire de lampes électriques formées par
des vases ornés de cariatides et guirlandes.

40 — Deux statuettes en porcelaine décorée :
Enfants musiciens.

41 — Huilier Louis XVI en métal argenté.

42 — Soupière Empire en métal argenté.

43 — Pendule religieuse en bois, ornée de
bronze.

44 — Petit brûle-parfums en bronze.

45 — Paire de cassolettes en émail cloisonné;
monture en bronze.

46 — Paire de flambeaux en bronze argenté.

47 — Galerie de foyer en cuivre.

48 — Pare-étincelles, forme éventail.

49 — Appareil photographique.

50 — Plafonnier électrique en bronze et cristaux.

51 — Bague marquise, ornée de brillants, monture en or.

52 — Canne, pomme en or.

53 — Collier de chien en corail.

54 — Douze couteaux de table et douze couteaux à dessert, manches en ivoire.

55 — Service à salade et à découper, manches en ivoire.

56 — Service à découper, manches en argent.

57 — Service à glace, manche en argent.

58 — Jonkind (d'après.) Sortie de la maison Cochin. Gravure.

59 — Deux petites gouaches : Paysages.

60 — Gravure en noir : Une Bonne histoire.

61 — Coupe ronde en bronze doré : sujet bachique (copie de la patère de Rennes).

62 — Deux plaques en émail de Limoges.

63 — Grande bonbonnière en faïence décorée, garnie de bronze doré et patiné.

64 — Vase en grès, de *J. Pull.*

65 — Diverses plaques en émail de Limoges, composant les garnitures de deux coffrets.

66 — Objets d'art omis.

ARGENTERIE

67 — Un plateau en métal, avec garniture argent, de chez *Odiot.*

68 — Un rond de serviette en argent.

69 — Quatre pièces de service à hors-d'œuvre.

70 — Pince à sucre en argent.

71 — Cuillère à sucre en poudre en argent.

72 — Une cafetière en argent, bouton de couvercle à grains de café.

73 — Quatre timbales en argent de formes va-
riées.

74 — Jardinière en argent ciselé. Style rocaille.

75 — Sucrier en argent, forme coupe, sur piédou-
che.

76 — Grande cafetière en argent, anse en bois.

BIJOUX

77 — Deux montres en or à clef.

78 — Deux montres en argent et clef.

79 — Bague en or, avec petites perles et roses.
Époque Louis XVI.

80 — Bague en or, avec intaille : buste de César.

81 — Bague en or, anneau ajouré avec diamant.

82 — Bague en or unie avec diamant.

83 — Épingle de cravate or et diamant.

84 — Bracelet gourmette en or.

85 — Montre en or remontoir, de dame.

86 — Montre en or remontoir, à double boîtier.

PLAQUÉ

87 — Grande cafetière en métal anglais.

88 — Grand réchaud. couvert en plaqué.

89 — Sucrier en cristal gravé, monté en plaqué.

90 — Un lot composé de : une timbale en plaqué ; deux fourchettes à huîtres ; huilier ;
deux salières bouts de table ; un moutardier.
(Pourra être divisé.)

91 — Deux dessous de carafes en bois et plaqué.

92 — Couvert à poisson en plaqué.

93 — Cafetière en plaqué.

MEUBLES

94 — Salon de style Louis XIV en bois sculpté
et doré à rocailles, recouvert en tapisserie
d'Aubusson à petits personnages et attributs.

95 — Ecran en bois sculpté de style Louis XIV,
feuille en tapisserie d'Aubusson.

96 — Piano droit de la maison *Frantz*.

97 — Petit meuble de style Louis XVI, s'ouvrant à un volet; dessus en marbre.

98 — Salle à manger en noyer sculpté, composée de deux buffets à crédences, d'une table avec allonges et six chaises en cuir, de la maison *Kriéger*.

99 — Commode en marqueterie de bois, ornée de bronze; dessus de marbre. Style Louis XV.

100 — Guéridon en acajou, dessus de marbre entouré d'une galerie en cuivre. Style Louis XVI.

101 — Salon en bois sculpté à médaillons, recouvert en tapisserie d'Aubusson à fleurs, composé d'un canapé et quatre fauteuils. Style Louis XVI.

102 — Chambre à coucher en acajou ciré orné de bronze, composée d'une armoire à deux portes, d'une table de nuit et d'un lit de milieu avec literie.

103 — Salle à manger en acajou garni de bronze, composée d'un buffet bas couvert d'un marbre, d'une pannetière, d'une table à quatre allonges et de dix chaises cannées.

104 — Table-bureau en marqueterie de bois,
ornée de bronzes ; dessus recouvert de cuir.
Style Louis XIV.

105 — Vitrine en acajou, avec bronze, de style
Louis XVI.

106 — Petit bureau à cylindre en acajou, dessus
en marbre entouré d'une galerie de cuivre.
Style Louis XVI.

107 — Armoire en chêne sculpté.

108 — Armoire en chêne.

109 — Secrétaire Empire en acajou, à colonnettes
ornées de bronzes dorés, s'ouvrant à un abat-
tant ; dessus en marbre.

110 — Commode Empire en acajou, garnie de
bronze ; dessus en marbre.

111 — Table de nuit Empire ; dessus en marbre.

112 — Bois de lit Empire acajou et bronze.

113 — Bois de tabouret, de style Louis XIV.

114 — Ciel de lit en acajou.

115 — Salon de style Louis XVI en bois sculpté laqué blanc, recouvert en imitation tapisserie à bouquets de fleurs, composé d'un canapé, quatre fauteuils, et quatre chaises.

116 — Grande armoire en chêne sculpté à fronton, s'ouvrant à deux portes et un tiroir.

117 — Jardinière en bois laqué à fond de glace. Style Louis XVI.

118 — Paravent en bois sculpté et doré à rocailles, feuilles en étoffe brochée. Style Louis XV.

119 — Petit fauteuil d'enfant en bois doré, recouvert de soierie, de style Louis XVI.

120 — Bergère en bois laqué et sculpté, recouverte en velours vert frappé. Style Louis XV.

121 — Fauteuil X en noyer sculpté à têtes d'animaux, orné de ferrures, avec coussin en soierie.

122 — Lit en pitchpin et son sommier.

123 — Armoire anglaise formant commode, à deux portes et glace.

124 — Table de salon en palissandre et marqueterie à filets cuivre, de style Louis XV.

125 — Lot de poufs, petites tables, chaises cannées, etc.

126 — Toilette de poupée et garniture, malle, livraison, etc.

127 — Radiateur en cuivre et tôle.

128 — Radiateur nickelé.

129 — Cheminée Choubersky.

130 — Salamandre.

131 — Bassinoire ancienne en cuivre gravé.

132 — Meubles omis.

TAPISSERIES, TAPIS

TENTURES

133 — Deux grands décors de baies, deux décors de fenêtres, devant de cheminée, le tout en belle tapisserie d'Aubusson moderne à fleurs et guirlandes sur fond crème.

136 à 140 — Cinq paires de rideaux divers.

141 — Six rideaux de vitrage en tulle brodé.

142 — Tapis-chemin, environ 8 m. 5o cent. et 1o mètres.

143 — Objets omis.